So lebt das Allgäu

Der perfekte Reiseführer für einen unvergesslichen Aufenthalt im Allgäu - inkl. Insider-Tipps

Anneke Weinbach

INHALT

Das erwartet Sie in diesem Buch

Sie wollen in Ihrem Urlaub einfach mal abschalten und zur Ruhe kommen oder sich mal so richtig in der Natur verausgaben, eine anspruchsvolle Wanderung oder gar einen Klettersteig wagen? Sie suchen ein Urlaubsziel für die ganze Familie, vom Kleinkind bis zur Oma? Dann sind Sie im Süden Deutschlands, genauer gesagt im Allgäu, genau richtig. In diesem Reiseführer finden Sie urige, traditionelle und wunderschöne Tipps und Ideen, wie Sie einen unvergesslichen Urlaub im seenreichen und von Berggipfeln umrahmten Allgäu erleben können. Lassen Sie sich inspirieren, auch einmal etwas abseits die kleinen Highlights und Besonderheiten zu erkunden und zu genießen.

Das Allgäu hat so viel mehr zu bieten als nur das imposante Schloss Neuschwanstein, Kuhglocken oder leckere Kässpatzen. Und wenn das Wetter mal wirklich nicht mitspielen sollte, gibt es vielerlei Unternehmungen im Trockenen, wie zum Beispiel einen Besuch im Schwimmbad, im Kino oder einen Shoppingtag im Einkaufszentrum. Auch für Kunst- und Kulturliebhaber bietet das Allgäu ein reichhaltiges Angebot an breit gefächerten Veranstaltungen, Ausstellungen, Museen und Konzerten: belebte Stadt, gemütlicher Ort oder abgeschiedener Bauernhof in Alleinlage.

Sie müssen sich nur entscheiden, wie lebhaft oder ruhig Sie Ihren Urlaub gestalten möchten. Vom großen Wellnesshotel bis hin zum kindgerechten Feriendorf, vom Wohnmobil-Stellplatz bis zur netten Ferienwohnung mit familiärem Anschluss – alles ist möglich.

Das Allgäu

GEOGRAFIE, LANDSCHAFT UND DIE ERSTEN TIPPS

Geografisch gesehen wird das Alpen- und Voralpengebiet zwischen Bodensee und Lech und ab der nördlichen Linie Wangen, Memmingen und Kaufbeuren bis zur österreichischen Grenze im Süden als Allgäu bezeichnet. Im nördlichen Allgäu erstreckt sich noch in weiten Teilen der Ackerbau. Umso mehr Sie in Richtung Süden unterwegs sind, umso öfter werden die Felder von sattgrünen Wiesen abgelöst und Stück für Stück kommen Sie der bekannten Allgäuer Berg-Silhouette immer näher. Man könnte fast sagen, mit jedem Kilometer mehr wachsen die Gipfel ein ganz klein wenig mehr und werden von der leichten Linie am Horizont zu mächtigen, imposanten Massiven.

Aber egal, wo es Sie hinzieht, ob ins Oberoder Ostallgäu, in den Landkreis Lindau oder in eine der kreisfreien Städte Kempten und Kaufbeuren, landschaftlich können Sie bei der Wahl Ihres genauen Zieles überhaupt nichts falsch machen. Dichte Wälder wechseln sich mit hügeligen Weiden ab, kleine und größere Seen sind eingebettet zwischen lieblichen Tälern und die oft bis Juni mit Schnee bedeckten Berggipfel sind fast immer im Hintergrund zu sehen. Dunkle Wälder verbergen Fuchs und Dachs, duftende Wiesen sind die Wohnzimmer der Rinder und auch so mancher Schafe und Pferde. Sie werden nicht nur einen, sondern eine ganze Reihe an Lieblingsplätzen finden.

In den niederen Lagen sind die Berge noch bewaldet und geben auf den Wiesen und Weiden die Ausblicke in die Umgebung frei. Kommen Sie etwas höher hinaus, also über ca. 1.700 Meter Höhe, dann zeigt sich die rohe, schroffe Berglandschaft in sämtlichen Grautönen. Ab dieser Höhe werden Bäume immer seltener und verschwinden dann ganz vom Landschaftsbild oberhalb der

Baumgrenze. Dies ist aber bei Weitem nicht weniger eindrucksvoll, sondern lässt in einem ein leicht mystisches Gefühl aufkommen, welches einen auch spüren lässt, wie klein man eigentlich vor so einer Kulisse ist.

Alte Bauernhäuser mit typischen Fensterläden, kleine Kapellen und offene Stalltüren lassen Sie im Hier und Jetzt einfach mal die Zeit vergessen. Große Bauerngärten, frei herumlaufende Hühner, neugierige Kühe, Kälber und Schumpen geben einen kleinen Einblick in den noch sehr naturverbundenen Alltag der Bewohner. Aber natürlich wird auch hier mit modernen Maschinen gearbeitet, jedoch an Steilhängen zum Beispiel oder oben auf den Alpen muss noch die gute alte Sense herhalten, um zu mähen.

Um ein Edelweiß zu finden, müssen Sie zwar über 1.500 Höhenmeter hinaus wandern, aber auch unterhalb dieser Grenze finden sich zahlreiche, wunderschöne Pflanzen, wie zum Beispiel Glockenblumen, Margeriten, Arnika, Hahnenfuß und Silberdisteln. Wer die ganze Farbenpracht auf einer der unzähligen Wiesen vorfindet, kann verstehen, warum Heidi nicht in die Stadt, sondern viel lieber beim Alm-Öhi bleiben wollte. Viele

Gemeinden und Vereine bieten auch spezielle Kräuterwanderungen an. Hierbei lernen Sie die Vielfalt und auch den Nutzen der wunderbaren Pflanzen kennen.

Wenn Sie es gern schroff und rau mögen, Kondition, Schwindelfreiheit und vor allem Trittsicherheit mitbringen, dann bieten die Allgäuer Berge mit bis zu 2650 m Höhe unzählige Möglichkeiten zum Klettern und Wandern. Allen voran die Wanderung auf die Mädelegabel ermöglicht einen uneingeschränkten Rundumblick in die Allgäuer Alpen. Auch die Fernwanderwege Heilbronner Weg und der bekannte E5, welcher von Oberstdorf nach Meran führt, befinden sich in unmittelbarer Nähe. Der beste Ausgangspunkt ist in Spielmannsau bei Oberstdorf. Hierher verkehren regelmäßig Busse, denn der kleine Ort ist autofrei. Von hier geht es zur bekannten DAV-Hütte Kemptner Hütte. Diese erreichen Sie in ca. 2,5 Stunden reiner Gehzeit.

Es empfiehlt sich, hier zu übernachten und die Mädelegabel am nächsten Tag in Angriff zu nehmen. Die Hütte bietet 290 Schlafplätze, die Saison startet je nach Schneelage Mitte Juni und endet Anfang Oktober. Um wirklich sicher einen Platz im Betten- oder Matratzenlager zu bekommen, muss unbedingt reserviert werden. DAV-Mitglieder erhalten einen Rabatt für die Übernachtung. Duschen gibt es auf der Hütte keine, ein Waschraum mit kaltem Wasser steht zur Verfügung. Auf der Terrasse genießen Sie den einzigartigen, grandiosen Ausblick auf die grauen, massiven Bergwände und auf seichte grüne Wiesen. Hier können Sie den anstrengenden Wandertag bei einem guten Abendessen ausklingen lassen.

Sie möchten es lieber ruhig angehen lassen? Dann ist einer der vielen, gemütlichen Wanderwege im Tal ideal für Sie. Das Oytal bei Oberstdorf steigt nur sehr leicht etwas an, den Rückweg kann man entspannt mit der Pferdekutsche oder aber mit dem geliehenen Oytalroller absolvieren. Das Oytal-Haus bietet zudem ein gemütliches, uriges Ambiente mit großen Fensterfronten und absolut leckere Speisen. Selbst im Winter ist die Hütte ein sehr beliebtes Ausflugsziel, denn das letzte Stück laufen Sie durch die verschneite Allee und sind dabei umrahmt von den weißen Bergen Schneck und Schochen, die majestätisch und lieblich das Tal umschließen.

Wenn Sie gern bei Sonnenschein das Glitzern des Wassers bestaunen wollen, Tretboot fahren oder baden möchten, dann ist einer der Allgäuer Seen genau richtig. Sie können auch hier, wie so oft zwischen einem gut besuchten und weit bekannten See, dem Alpsee bei Immenstadt oder einem kleinen, hauptsächlich von Einheimischen besuchten See, wie dem Schwarzenberger Weiher bei Oy-Mittelberg, wählen. Der Alpsee lässt keine Wünsche offen, es gibt Eisdielen, Cafés und Gasthäuser direkt am See, ein schöner Steg lädt zum Sitzen und Verweilen ein, gegenüber befindet sich die Festbühne für sämtliche Veranstaltungen und Konzerte, die hier regelmäßig unter freiem Himmel stattfinden. Ein Rundweg bietet sich hier um den See an. Auf der anderen Seite liegt ein großer Abenteuerspielplatz mit Wasserspielbereich und einem großen Kletterschiff.

An den Parkplätzen befindet sich der Alpsee Skytrail, ein Hochseilgarten, dessen Ausblick sich einfach lohnt. Von Mai bis Oktober hat der Park täglich geöffnet. Für Kinder bis sechs Jahre und einer Körpergröße von max. 120 cm steht der Kiddy-Parcours zur Verfügung. Hier können schon die Kleinen spielerisch den Umgang mit Klettergurt,

Haken und der Höhe erlernen. Somit bietet der Alpsee Spaß und Action für die ganze Familie. Etwas ruhiger und weniger touristisch geht am Schwarzenberger Weiher zu. Hier führt ein kleiner Weg zum Parkplatz. Am See gibt es weitläufige Liegewiesen und gute Einstiegswege in den See. Ein kleiner Kiosk verkauft Pommes, Würstchen, Eis und Getränke. Auch am Schwarzenberger Weiher kann das SUP aufgeblasen werden. Viele Schattenplätze bieten ausreichend Sonnenschutz.

Zusammengefasst kann man sagen, dass das Allgäu sowohl im Sommer als auch im Winter landschaftlich eine reine Augenweide ist. Sie werden begeistert sein von diesem wunderschönen Postkartenpanorama, vom Föhnwind, von Kuhweiden und von traumhaften Ausblicken. Und lassen Sie sich von einem bewölkten Tag nicht abschrecken – ein bisschen Regen, Wolken und Nebel tauchen diese einzigartige Landschaft erst recht in ein mystisches, geheimnisvolles Licht, lassen den einen oder anderen Gipfel verschwinden oder nur erahnen und geben der ganzen Umgebung etwas Spannendes.

MENSCHEN, TRADITIONEN UND BRÄUCHE

„Wem keasch noch du?" ist eine ganz normale Frage eines Allgäuers nach dem Nachnamen seines Gesprächspartners oder nach dem Namen eines Kindes. Das Duzen gehört hier einfach dazu, also bitte nicht wundern, wenn Sie von fremden Personen mit „du" angesprochen werden. Die Allgäuer lieben das Feiern und das Beieinandersitzen sehr. Ob Funkenfeuer, Maibaum aufstellen, Viehscheid oder Klausentreiben, das ganze Jahr hindurch finden sich viele Gelegenheiten, um bei einem guten Bier oder auch zwei und Musik gesellig zu sein.

Wunderschön und zünftig wird es bei den im Herbst stattfindenden Viehscheiden. Immer im September wird das Vieh von den Alpen zurück in die Täler getrieben. Wenn ein Sommer ohne Unfälle verlaufen ist, trägt das Kranzrind einen handgearbeiteten Blumen-Kopfschmuck. Der eingearbeitete Spiegel soll böse Geister abschrecken. Für die Älpler beginnt der Tag meist schon vor Sonnenaufgang, denn die Tiere müssen geschmückt werden und auch die Älpler putzen sich für diesen

Tag natürlich heraus. Mit traditioneller Lederhose, Dirndl und Bergschuhen geht es dann mit dem gesamten Vieh, also Kühen, Rindern, Pferden, Schafen oder Ziegen zurück ins Tal.

Das Eintreffen der Herden wird mit viel Applaus gefeiert. Am Scheidplatz im Dorf werden dann die Tiere den jeweiligen Besitzern übergeben, welche ihre Tiere ins Winterquartier bringen. Nach getaner Arbeit wird bis spät in die Nacht im Bierzelt mit Musik und heimischem Bier gefeiert. Der Viehscheid ist in den Regionen an verschiedenen Tagen, es ist nicht ungewöhnlich, dass der Viehscheidtag auf einen Arbeitstag fällt. Aber das ist oft kein Problem, die Betriebe gewähren gern einen Tag Urlaub und in einigen Gemeinden haben die Kinder sogar schulfrei. Bei den touristisch großen Viehscheiden gibt es sogar richtige Märkte mit allerlei Handwerk und regionalen Leckereien, wie beim Viehscheid mit Herbstmarkt und Krämermarkt in Wertach. Dieser findet immer am 18. September statt. Ist der 18. jedoch ein Sonntag, wird der Viehscheid auf den 17. September verlegt.

SO ISST DAS ALLGÄU

Krautkrapfen, Kässpatzen und Flädlesuppe, Brotzeit, Dampfnudeln und Hirschsalami. Im Allgäu essen Sie deftig, sättigend und einfach nur gut. Je nach Wahl Ihres Restaurants oder Wirtshauses genießen Sie die lokalen Gerichte in gut bürgerlicher oder in raffinierter Art. Kulinarisch bleiben hierbei keine Wünsche offen. Selbstverständlich gibt es auch hier die klassische Pizzeria und den Burgerladen für den schnellen Hunger zwischendurch, aber probieren Sie ruhig auch die regionalen Köstlichkeiten, wie den echten Allgäuer Bergkäse. Käseläden und Käse-Automaten finden sich fast in jedem Dorf. Sehr zu empfehlen ist der Käs'-buind in Kranzegg, welcher eine sehr gute, gemischte Auswahl an Käse und Geräuchertem anbietet. Dort gibt es auch eine extra Kässpatzen-Käsmischung, um sich entweder zu Hause oder in der gebuchten Ferienunterkunft diese typische Mahlzeit selbst zubereiten zu können.

Und die gehen eigentlich immer, die Kässpatzen. Kaum ein Wirtshaus hat sie nicht auf der Karte. Und doch gibt es hier viele Unterschiede, denn die richtige Käsemischung macht den

Geschmack. Und die persönliche Vorliebe, ob man die Kässpatzen lieber mit Schmelzzwiebeln oder mit Röstzwiebeln garniert haben möchte. In jedem Fall sollten Sie diese Spezialität mindestens einmal probiert haben. Dazu passt am besten ein bunter Blattsalat.

Wer gern Fleisch isst, muss auch hier auf nicht verzichten. Wo isst man dieses lieber, als dort, wo es aufwächst? Rindfleisch ist im Allgäu sehr beliebt, da es natürlich auch zahlreich vorhanden ist. Viele Selbstvermarkter und Bio-Höfe bieten ihr eigenes Rindfleisch zum Verkauf an. So können Sie sich mit gutem Gewissen ein Stück artgerecht gehaltenes Fleisch, oft in Bio-Qualität, mit nach Hause nehmen. Und auch im Restaurant wird gern das heimische Rind serviert, wie zum Beispiel Tafelspitz, Roastbeef, aber auch leckere Burger. Sehr zu empfehlen ist das Restaurant-Schiff in Bihlerdorf, zwischen Sonthofen und Immenstadt. Die bunt gemischte Speisekarte bietet Regionales, wie Schnitzel, Burger und Kässpatzen, aber auch orientalisch angehauchte Spezialitäten, wie scharfen Lammeintopf und verschiedene Currys.

Und wer viel und gut isst, der sollte auch ausreichend trinken. Da empfiehlt sich ein kühles Helles von einer der ca. 30 Allgäuer Brauereien. Um nur einige zu nennen, finden Sie direkt in der Universitätsstadt Kempten das Allgäuer Brauhaus mit seinem Büble-Bier. Die kleine Bergbrauerei BernardiBräu in Rettenberg/ Kranzegg mit Gaststube bietet zudem regelmäßige Events rund um das Hopfengetränk an. Aber auch Schäffler Bräu in Missen, die Brauerei Clemens Härle in Leutkirch und die Rettenberger Brauereien Zötler und Engelbräu sind nicht zu verachten. Die meisten Brauereien bieten Führungen und Verkostungen an, welche gern als Firmenausflug oder Junggesellenabschied gebucht werden. Sie mögen es etwas härter? Dann sind Sie bei der Allgäu-Brennerei in Sulzberg genau richtig. Hier erwarten Sie Whisky, Liköre und Obstbrände.

Isny

DIE STADT

Isny liegt im Landkreis Ravensburg und gehört somit zum württembergischen Allgäu und grenzt an Bayern. Die Stadt zählt etwas mehr als 14.000 Einwohner und ist bereits fast 1.000 Jahre alt. Schon von Weitem kann man die beeindruckende Skyline von Isny bestaunen. Aufgrund ihres Alters begeistert Isny durch eine wunderschöne Altstadt mit besonderem Charme. In der Stadt selbst gibt es allerlei zu erkunden. Melden Sie sich doch für eine kulinarische Stadtführung an, bei der Sie verschiedene Gasthäuser und auch Cafés besuchen und natürlich auch erschmecken können.

SCHLAFEN UND ESSEN

Bauernhof Dieing:

Natürlich bieten auch Isny und Umgebung wunderbare Unterkünfte für Sie und Ihre Familie. Wie wäre es denn, wenn Sie Ihren Urlaub direkt auf einem Bauernhof verbringen könnten? Sie helfen im Stall, beim Melken, die Kinder dürfen den Kälbern die Milch geben, allerlei Tiere streicheln und kuscheln, den Spielplatz auskosten, während Sie es sich auf der Liegewiese gemütlich machen und in die Natur blicken und einfach nichts sehen, außer Wald, Wiesen und Berge. Dieses einzigartige Erlebnis schenkt Ihnen der Bauernhof Dieing in Dürrenbach. Sie werden herzlich empfangen und genießen die Ruhe, die Luft und die Abgeschiedenheit.

Berghotel Jägerhof:

Sie möchten Urlaub mit Komfort und Wellness verbinden, dann sind Sie im Berghotel Jägerhof sehr gut aufgehoben. Abseits der Hauptverkehrswege liegt das Berghotel etwa 7 Kilometer von Isny entfernt und bietet einen einzigartigen Blick auf die Nagelfluhkette. Das Vier-Sterne-Haus verwöhnt Sie mit einem breiten Wellnessangebot. Angefangen bei Dampfbad und Kosmetiksalon steht Ihnen ein Hallenbad mit Sauna sowie Massagen zur Verfügung. Im Fitnessbereich kommen die Sportler ganz auf ihre Kosten, während sich die kleinen Gäste des Hauses im Indoor-Spielbereich oder auf dem großzügigen Spielplatz austoben können. Sie wollen etwas unternehmen? Dann bietet das Hotel einen Verleih an Fahrrädern und Langlaufski. Zudem starten Wanderwege direkt vor der Hoteltüre. Im hauseigenen Restaurant genießen Sie ausgewählte Weine, schmackhafte Menüs und herzhafte Küche. Auch, wenn Sie kein Übernachtungsgast sind, freut man sich über Ihre Tischreservierung.

Hirsch Isny:
Der mit viel Holz und ruhigen Farben gestaltete Hirsch bietet saisonale, regionale Gerichte an und punktet mit einer Kombination aus traditioneller und moderner Küche. Mitten in der Stadt in einem alten Bauwerk lassen Sie sich die mit Liebe zubereiteten Speisen schmecken. Bei schönem Wetter

können Sie auf der Terrasse das Treiben in der Innenstadt beobachten.

AKTIVITÄTEN

Bikepark Max-Wild-Arena:
Am Skilift Felderhalde in Isny erwartet Sie ein super Bike-Erlebnis für die ganze Familie. Sie haben drei Abfahrten in unterschiedlichen Schwierigkeitsgraden zur Auswahl. Sie und Ihr Fahrrad werden bequem mit dem Lift nach oben befördert. Gut durchdachte Down-Hill-Strecken eignen sich bereits für Anfänger. Trainer stehen gern zum Einweisen und für Tipps zur Verfügung, E-Bike-Fahrer profitieren von einem interessanten Fahrsicherheitstraining. An der Bike-Station können Sie sich das passende Bike samt benötigter Schutzausrüstung ausleihen. Kinder dürfen ab sechs Jahren ebenfalls den Bikepark in Begleitung nutzen. Zum Abschluss Ihres Bike-Abenteuers gönnen Sie sich gleich vor Ort leckere Köstlichkeiten der Schönegger Käse-Alm. Wunderbar deftige Speisen stärken Sie nach der sportlichen Aktivität. Belohnen Sie sich selbst mit Kuchen, Eis oder Apfelstrudel.

Badesee Felderholzweiher:

Am Campingplatz Waldbad Camping Isny befindet sich der gut umschlossene Badesee mit gepflegten Liegewiesen. Ein schattiger Spielplatz ist genau das Richtige für Ihre Kinder. Den Badesee können sowohl die Gäste des Campingplatzes sowie auswärtige Besucher nutzen.

Isny Moorrunde:

Eine leichte Wanderung ohne viele Höhenmeter beginnt direkt in Isny und führt in das Naturschutzgebiet Bodenmöser hinein. Schon bald können Sie das Moor riechen und erblicken eine wunderschöne, blühende Wiese. Im Moor finden seltene Insekten, Reptilien, Vögel und eine Vielzahl weiterer Tiere einen wunderbaren Lebensraum. Der komplette Rundweg ist mit knapp sechs Kilometern Länge und einer reinen Gehzeit von 1,5 Stunden angegeben, sodass vorher oder nach der Tour noch weitere Aktivitäten eingeplant werden können.

Schwarzer Grat:

Der Bergrücken Adelegg ist der letzte Ausläufer der Allgäuer Alpen und bietet mit seinem Gipfel, dem Schwarzen Grat, einen unbezahlbaren Ausblick bis zum Bodensee und auf der anderen Seite auf das Alpenpanorama mit der Nagelfluhkette. Auf dem 1.118 m hohen Berg finden Sie dann einen 28 Meter hohen Aussichtsturm aus Holz, der begangen werden kann. Wer die 156 Stufen erklimmt, genießt einen noch besseren Rundumblick.

Der Turm beherbergt sogar einen kleinen Kiosk, daneben gibt es einen Spiel- und Kletterplatz. Es gibt mehrere Routen, die Sie auf den Schwarzen Grat bringen. Die wohl schnellste beginnt in Kreuzthal-Eisenbach und führt über den Eisenbacher Tobel. Nach ca. einer Stunde sind Sie bereits auf dem Gipfel. Wer sich etwas mehr Zeit lassen möchte, der nimmt den Erlebnisweg. Auf gut befestigten Waldwegen können Sie zwischen 2,5 Stunden und 4 Stunden Gehzeit wählen. Wie Sie sich auch entscheiden, Ihre Wahl kann nur richtig sein, denn wer diese wunderschöne Landschaft genießen kann, egal, von welchem Standort aus, der kann nichts falsch gemacht haben.

Rettenberg und Umgebung

DER ORT

Rettenberg liegt im südlichen Oberallgäu, hat ca. 4.523 Einwohner und 37 Ortsteile. Im südlichsten Brauereidorf Deutschlands haben Sie die einmalige Gelegenheit, gleich drei, zum Teil schon sehr alte, Familienbrauereien zu besichtigen und die jeweiligen Spezialitäten zu verkosten. Jede der Brauereien bietet regelmäßige Führungen und Tastings an.

Eingekauft wird in Rettenberg und in den Ortsteilen nicht in einem großen Discounter oder Supermarkt, sondern traditionell in kleinen Tante-Emma-Läden. Direkt in Rettenberg finden

Sie den Kaufladen mit ausgesuchten Bio-Lebensmitteln, Geschenkartikeln und der Post. Nebenan befindet sich ein leckerer Bäcker mit wunderbaren Backwaren, Kuchen und einer kleinen Kühltheke mit Milch und Wurst. In Vorderburg können Sie Ihre Frühstücksartikel im Dorfladen kaufen, welcher sich hinter dem Gasthaus Hirsch befindet. Auch hier gibt es alles für den täglichen Bedarf. In Kranzegg finden Sie einen Käseladen, in dem es auch Eier und haltbare Wurstwaren gibt. Das Tolle hierbei ist der Käse-Automat, an dem Sie unabhängig von den Öffnungszeiten die leckeren Käsespezialitäten ziehen können. Getränke holen Sie am besten direkt bei einer der Brauereien. Alle drei haben einen eigenen Shop, in dem Sie auch tolle Mitbringsel und Geschenkartikel finden.

Unterhalb des Berges Grünten, welcher auch weit bekannt ist als Wächter des Allgäus, können Sie naturnah urlauben. Angefangen mit leichten Wanderungen zum Beispiel auf den Falkenstein, einem Ausflug mit den Kindern zum Hasengarten-Spielplatz oder einfach nur relaxen in einer der vielen gemütlichen Ferienwohnungen – hier ist für jeden das Richtige dabei. Wer gern radelt, kann die gesamte Gemeinde auf den vielen Radwegen erkunden und findet auch immer wieder tolle Plätze, um zu picknicken.

Die Gemeinde Rettenberg ist sehr ländlich gelegen und auch gestaltet. Sollten Sie daher eine Ferienunterkunft in einem der vielen, kleinen Ortsteile gebucht haben, so ist es ratsam, dass Sie sich vor Ihrem Urlaub über die Möglichkeit der Anreise mit öffentlichen Verkehrsmitteln gut informieren. Gute Bus- und Bahnverbindungen bestehen bis Immenstadt und weiter nach Rettenberg. Von Rettenberg weiter in die Außenorte wird es dann oftmals schwierig, diese mit öffentlichen Verkehrsmitteln zu erreichen. Dies ist aber nicht nur in der Gemeinde Rettenberg so organisiert, sondern betrifft auch die vielen kleinen Gemeinden im Allgäu, da nicht jeder Ort an das Busnetz angeschlossen ist.

SCHLAFEN UND ESSEN

Kennen Sie das: Sie konnten die Nacht nicht richtig schlafen, sind dann am Morgen unausgeruht und schlecht gelaunt? Daher ist guter, erholsamer Schlaf absolut wichtig für den perfekten Start in den Tag. Und im Urlaub möchte man natürlich besonders viele tolle Tage erleben.

Ferienhof Soyer:
Sehr gut schlafen können Sie im 5-Sterne-Ferienhof Soyer in Reichen, einem abgelegenen Ortsteil von Rettenberg. Da es dort keinen Durchgangsverkehr gibt, genießen Sie hier absolute Ruhe. Ihre direkten Nachbarn sind Kühe, Pferde und Katzen. Im Wellness- und Saunabereich lassen Sie sich nach einem ereignisreichen Tag verwöhnen. Ihre Kinder sind auf dem Hof sehr herzlich willkommen. Für sie gibt es einen sehr schönen Spielplatz, einen Indoor-Spielbereich, eine große Auswahl an verschiedenen Kinderfahrzeugen und – absolut beliebt – Ponys und einen Streichelzoo. Zudem bietet der Soyer-Hof in der Hauptsaison regelmäßig Kinderanimation an, dann wird zusammen gebastelt, getanzt oder auch mal gebacken. Und täglich bietet der Soyer-Hof in der Hauptsaison ein tolles Kuchenbuffet an, welche alle selbstverständlich selbst gebacken und das heimliche Highlight sind.

Gasthof Hirsch:

Im kleinen Vorderburg erleben Sie absolute Gastfreundschaft im Gasthof Hirsch. Hier können Sie sich in einem der vier liebevoll gestalteten Gästezimmern, wahlweise mit Frühstück, einmieten. Das Besondere des Gasthofs ist, dass das gesamte Gebäude durch den Verein „Dorfgemeinschaft Vorderburg e. V." gekauft und wieder komplett aufgebaut und renoviert wurde. Die absolute Heimatliebe, der Zusammenhalt der Dorfbewohner und das Engagement machen das Dorfgemeinschaftshaus, welches neben dem Gasthof Hirsch auch den Dorfladen beherbergt, zu einem ganz besonderen Ort für Urlauber, Tagesausflügler, Vereine und Einheimische.

Und natürlich finden Sie in der gesamten Gemeinde Rettenberg unzählige private große und kleine Ferienwohnungen jeglicher Kategorie und Lage. Aber egal, ob Gasthof oder Ferienwohnung: Eine frühzeitige Reservierung ist sehr zu empfehlen. Gerade in den Ferienzeiten sind viele Unterkünfte bereits lange im Voraus ausgebucht.

AKTIVITÄTEN IM SOMMER

Es gibt im idyllischen Rettenberg unzählige Möglichkeiten, wie Sie sich einen oder mehrere schöne Tage bereiten können. Im Sommer steht natürlich das Wandern ganz oben auf der To-do-Liste. Von leichten, kleinen Spaziergängen bis zur ausgedehnten Tour auf den Grünten ist alles möglich und auch erlaubt. Praktisch an jeder Ecke, in jedem Ortsteil finden sich die Wanderschilder mit Angabe des Ziels, der Alpe und der durchschnittlichen Gehzeit.

Alpe Müllers Berg:

Was Sie sich aber auf keinen Fall entgehen lassen sollten, ist eine Wanderung zur Alpe Müllers Berg. Sie können direkt in Vorderburg starten und gelangen entweder über den Direktweg innerhalb von 20 Minuten zur Alpe oder Sie laufen vom Parkplatz Greifenmühle aus los (Aufstieg ca. 45 Minuten). Und wenn Sie an der Alpe Müllers Berg angekommen sind, sind es nur noch ca. 15 Minuten bis hinauf zur Burgruine Vorderburg. Sie liegt auf ca. 1.020 Metern Höhe. Nach einem Brand der Burg im September 1562 wurde diese nicht wieder aufgebaut. Es wird gemunkelt, dass die betrunkene Köchin das Fett beim Backen hat anbrennen lassen. Zurück von diesem Abstecher müssen Sie auf der Alpe Müllers Berg einen der unglaublich leckeren, hausgemachten Kuchen probieren, ein absoluter Gaumenschmaus ist der Zitronenkuchen.

Freibad Rettenberg und Rottachspeicher:
Für sehr heiße Tage bietet sich das Rettenberger Freibad an. Es gibt ein Schwimmbecken mit Rutsche, ein Kinderbecken und natürlich ein kleines, feines Café, welches Pommes, Getränke und Eis anbietet. Nebenan kann der Minigolf-Schläger geschwungen werden.

Ein weiterer Tipp zum Baden und SUP – der Rottachspeicher in Richtung Sulzberg. Es gibt drei Badestellen, Petersthal, Moosbach und Bisseroy. Letzterer heißt auch Ihren Vierbeiner herzlich willkommen, hier ist ein großer Hundestrand mit flachem Einstieg ins Wasser und weitläufiger Liegewiese. Neben Spielplätzen bieten die Badestellen auch einen Kiosk an. In Petersthal können Sie Tretboote ausleihen, in Bisseroy gibt es SUP zum

Ausprobieren. Kostenpflichtige Parkplätze gibt es an jeder der Badestellen.

Spielplatz Hasengarten:
Von der Touristen-Info in Rettenberg laufen Sie in Richtung Kindergarten und von dort immer dem Bichelweg entlang. Nach kurzer Zeit erreichen Sie in einer Senke den liebevoll gestalteten Spielplatz. Da er wirklich schön und günstig gelegen ist, kommen hier auch regelmäßig die Kindergarten-gruppen zum Spielen her. Direkt am Bach gelegen, mit ebenen Einstiegen lädt der Platz auch wunderbar zu Wasserspielen ein. Daher vielleicht für Ihre Kinder an Wechselkleidung denken. Bei gutem Wetter kann man von hier aus die Paraglider sehr gut bei ihrem Flug und manchmal auch bei der Landung beobachten.

Zurück zum Parkplatz entweder den gleichen Weg oder spannender, aber auch etwas länger, ist der Naturlehrpfad direkt am Bach entlang. Hier entdecken Sie spielerisch in regelmäßigen Abständen Wissenswertes über die Natur. Bei der Brauerei Zötler endet der Weg und Sie können auf dem Gehweg zurück ins Dorf. Natürlich kann die

Runde auch andersherum gegangen werden. Aus Rücksicht auf die Fußgänger und vor allem die Kinder sollten Fahrräder auf dem Naturlehrpfad geschoben werden.

AKTIVITÄTEN IM WINTER

Langlauf:
Blauer Himmel, Sonnenschein und Schnee so weit das Auge reicht: So sieht der perfekte Wintertag im Allgäu aus. Aktiv können Sie dieses Phänomen bei einer gemütlichen Langlauf-Tour genießen. Auf insgesamt 48 Loipen-Kilometern können Sie zwischen Burgberg, Wagneritz, Rettenberg und Vorderburg skaten oder klassisch Langlaufen. Die Rundtour Emmereiser Moos ist neun Kilometer lang und eignet sich auch hervorragend für Anfänger. Einstiegspunkte finden Sie hier am Bauhof in Kranzegg und am Fußballplatz in Vorderburg. Es steht jeweils eine Kasse am Einstieg, an der um die Zahlung vom „Loipen-Euro" gebeten wird. Ein ganz besonderes Angebot ist das Flutlichtfahren in Kranzegg. Hier können Sie auf 2,5 Kilometern das Nachtfahren mit seinem einzigartigen Licht und der Ruhe genießen. Entsprechende Ausrüstung

für Langlauf oder auch Skating können Sie in mehreren Nachbargemeinden ausleihen.

Skifahren:

Für Skifahrer bietet die Gemeinde das kleine Skigebiet Adelharz und Breitenstein, welche oberhalb von Kranzegg liegen. Die beiden Skigebiete punkten durch Naturschnee, einer Selbstversorger-Terrasse und günstigen Preisen. Die Parkplätze sind hier noch kostenlos. Somit sind dies ideale Skigebiete für Familien mit Kindern oder wenn man einfach nur mal kurz ein paar geschmeidige Abfahrten nehmen möchte. Das bei vielen langjährigen Allgäu-Urlaubern noch bekannte Skigebiet Grüntenlifte gibt es seit geraumer Zeit leider nicht mehr, daher erfreuen sich seit der Stilllegung des Betriebes die Ski-Touren-Geher, die nun den Berg sozusagen für sich haben und sich oft schon vor Sonnenaufgang auf den Weg machen, um die ersten Spuren in den Schnee zu zaubern.

Geratser Wasserfall:

Zwar ist die Besichtigung eines Wasserfalls im Sommer eine erfrischende Angelegenheit, der

Geratser Wasserfall bei Vorderburg ist aber gerade im Winter einen Besuch wert. Das Wasser fällt sechs Meter in die Tiefe, ein wunderbarer Aussichtspunkt gewährt einen tollen Blick von oben auf das Schauspiel. Im Winter zeigt sich der Wasserfall oft in gefrorenem Zustand, ist aber durch die dadurch entstandenen Eisskulpturen nicht weniger reizvoll. Zudem kann der Besuch mit einer kleinen Wanderung durch den Wald nach Vorderburg verbunden werden. Es wurde erst im Jahr 2021 ein öffentlicher Parkplatz angelegt, woher es nur ca. 200 Meter zum Wasserfall im Wald sind. Auch wenn das gesamte Waldstück zum Verstecken, Entdecken und Klettern einlädt, bleiben Sie bitte auf den markierten Wegen.

HIGHLIGHTS

Eine absolute Pflichtveranstaltung für alle Einheimischen ist der jährliche Kräutermarkt in Vorderburg. Immer Anfang Mai verkaufen hier ausgesuchte Händler ihre wohltuenden Kräuter, Pflanzen und Blumen. Für das leibliche Wohl wird bestens gesorgt und die Jugendkapelle sorgt für eine ausgelassene Stimmung.

Wertach und Umgebung

DER ORT

Wertach ist mit 915 m über dem Meeresspiegel die höchstgelegene Marktgemeinde Deutschlands und hat um die 3.000 Einwohner. Der Ort liegt im südlichen Oberallgäu und grenzt bereits an Österreich. Hoch oben im Ort wacht die katholische Pfarrkirche St. Ulrich. Sie ist geschätzt über eintausend Jahre alt, der Überlieferung nach soll ein Augsburger Bischof, der Heilige Ulrich (923 bis 973), die Kirche eingeweiht haben. Die Kirche hat im Laufe der Zeit schon einige Male gebrannt, sie wurde aber immer wieder neu aufgebaut und ist bis heute sehr gut erhalten. Zwei Drittel der Gemeinde stehen unter Landschafts- und Naturschutz, der Hausberg, das Wertacher Hörnle ist unter anderem wegen seiner Alpenrosen als Naturdenkmal bekannt. Von Wertach aus gelangen Sie dank der naheliegenden Autobahn A7 in kurzer Zeit nach Füssen und Kempten. Die Nähe zu Österreich kann natürlich genutzt und ein Abstecher ins Tannheimer Tal unternommen werden.

SCHLAFEN UND ESSEN

Camping:
In Wertach kommen Wohnmobilisten und Camper ganz auf ihre Kosten, denn am Ortsrand gibt es den Campingplatz Waldesruh. Der eher kleine Campingplatz bietet Ihnen die Möglichkeit, Ihr Auto stehen zu lassen und gemütlich Ihre Besorgungen im Ort mit dem Rad zu erledigen. Hier genießen Sie die Ruhe und können einfach mal nichts machen, außer die fabelhafte Aussicht zu bewundern und sich daran zu erfreuen.

Der Campingplatz Grüntensee liegt, wie der Name schon sagt, direkt am ca. 3,5 km entfernten

Grüntensee und bietet neben Zelt- und Stellplätzen auch noch Zimmer und Appartements an. Sie brauchen also nicht zwingend einen eigenen Wohnwagen, um auf diesem Platz die Vorzüge und das unbeschwerte Camper-Leben genießen zu können. Direkt am See gelegen, bietet der Platz viele Freizeitaktivitäten, wie Stand-up-Paddeling, Tret- und Ruderboot fahren, einfach nur baden oder auf der Liegewiese relaxen. Erfrischungen bieten der See-Kiosk und das Restaurant. Von hier aus können Sie Ihre Wanderung oder Radtour starten und sind in kurzer Zeit im Nachbarort Nesselwang.

Am Buron Kinderpark bietet der Wohnmobil-Stellplatz 36 parzellierte, geschotterte Plätze mit Stromanschluss. Auch hier sind Sie nur 200 m vom Grüntensee entfernt und können diesen bequem mit dem Fahrrad umrunden. Gegenüber dem Stellplatz befindet sich der Buron Kinderpark, ein großer Spiel- und Abenteuerplatz für Kinder bis 13 Jahre. Kletterwiese, Wasserspielplatz, Hüpfburgen und Traktorpark sind nur eine Handvoll Attraktionen am Fuß der Reuterwanne. Im Buron-Stadl mit großer Terrasse gibt es allerlei Köstlichkeiten.

Egal, ob Suppe, Brotzeit oder Eis, hier gibt es für jeden die richtige Stärkung.

Beim Olivenbauer:

Wer eine gute, hausgemachte, traditionelle Pizza zu schätzen weiß, der is(s)t im Olivenbauer im Ortskern von Wertach genau richtig. Wer das Gasthaus betritt, steht zuallererst direkt vor dem großen Pizzaofen und der Duft von frischem Teig steigt unwillkürlich in die Nase. Auch hier lädt eine Terrasse zum Verweilen ein.

Das Dorfgespräch:

Für ein gutes Stück Kuchen oder einen leckeren Eisbecher besuchen Sie am besten das Dorfgespräch, ebenfalls in der Ortsmitte von Wertach gelegen. Die Parkplätze sind etwas versteckt hinter dem Haus. Sollte der Außenbereich des Cafés bereits viele Gäste beherbergen, können Sie sich am To-go-Fenster Ihr Eis direkt holen und damit durch den Ort spazieren.

AKTIVITÄTEN IM SOMMER

Selbstverständlich hat Wertach auch ein ordentliches Freibad zu bieten, um sich im Sommer bei heißen Temperaturen abkühlen zu können. Am beliebtesten ist hier wohl die 52 Meter lange Wasserrutsche. Aber auch am Grüntensee gibt es eine tolle Badestelle beim Kletterwald Grüntensee. Oder suchen Sie nach einem tierischen Vergnügen? Dann buchen Sie direkt bei Peter Fischer und Alwin Schwarz eine Kutschfahrt, um den Ort und seine Umgebung gemütlich zu erkunden. Sie wollen direkten Kontakt zu Ponys und Pferden? Dann vereinbaren Sie einen Termin beim Landhaus Eggel in Vorderreute. Hier können schon die Kleinsten (ab 2 Jahren) bei geführten Touren auf dem Pony sitzen. Aber auch schon größere und erfahrene Reiter kommen auf dem Hof auf ihre Kosten.

Fahrrad fahren:
Für alle Fahrradbegeisterten, egal, ob Rennrad, Mountainbike oder Tourenrad, hat das gesamte Allgäu viele wunderschöne Strecken parat. Sie sind auf dem Bodensee-Königsee-Radweg unterwegs? Dann kommen Sie unweigerlich durch das

Örtchen Wertach durch, ebenso, wenn Sie auf der Radrunde Allgäu in die Pedale treten. Sehr beliebt zum Radfahren ist die Strecke nach Nesselwang. Wer gern mit dem Mountainbike unterwegs ist, der begibt sich auf zur Köllealp oder tobt sich in Richtung Alpspitz aus.

Angeln:
Sie lieben die Ruhe beim Angeln? Auch diesem Hobby können Sie am Grüntensee nachgehen. Fangen Sie vom Boot aus Ihre Forelle oder Zander; Leihboote gibt es am Campingplatz am See. Und falls Sie nichts gefangen haben oder gar nicht erst angeln waren, bekommen Sie ofenfrisch geräucherte Forellen immer freitags beim Fischzuchtverein Wertachtal. Auch fangfrische Fische bietet der Verein zum Kauf an. Die Öffnungszeiten sind von Ostern bis Ende Oktober, immer donnerstags und freitags.

Wertacher Waldspielplatz:
Wer mit Kindern das Allgäu und insbesondere Wertach besucht, sollte unbedingt den Wertacher Waldspielplatz besuchen. Der Parkplatz befindet

sich zwischen Wertach und Kranzegg auf der linken Seite. Ab hier können Sie mit dem Kinderwagen und Laufrad weiter und erreichen nach ca. 2,5 km mitten im Wald den liebevoll gestalteten Waldspielplatz mit Picknicktischen und Grillplatz. Bei sehr schönem Wetter wird Letzterer sehr gut und gern genutzt, da kann es auf dem Spielplatz schon mal eng werden. Lassen Sie sich davon aber nicht abschrecken, dann gibt es eben auf einer der nahe gelegenen Alphütten eine Brotzeit. Die Alpe Vordere Kölle, Alpe Burgerschläg und Alpe Metzberg stehen Ihnen dafür zur Verfügung. Vom Spielplatz aus geht es entweder auf gleichem Weg zurück zum Parkplatz oder, wer mehr Zeit zur Verfügung hat, immer weiter und tiefer in den Wald, der wunderbar verschlungene Wege zum Vorschein bringt.

AKTIVITÄTEN IM WINTER

Skifahren:

Warum macht man Urlaub im Allgäu, in den Bergen? Sie wollen bestimmt zum Skifahren? Dann sind Sie in Wertach genau richtig, denn mit dem Buron-Lift haben Sie die Piste quasi vor der

Haustür. Hier warten der längste Schlepplift im Allgäu und gut präparierte Pisten auf Sie und Ihre Familie. Für den Einkehrschwung steht Ihnen die Buronhütte an der Mittelstation sowie der Buronstadl im Tal zur Verfügung.

Schwimmen:
Nach einem langen Tag im Schnee können Sie bestimmt etwas Wärme vertragen, dann lohnt sich ein Besuch im nächstgelegenen Schwimmbad. In Nesselwang können Sie im ABC-Bad entspannen, ein paar Bahnen schwimmen oder in einer der sechs Saunen ausgiebig schwitzen. Auch Ihre Kinder kommen in dem sehr gut einsehbaren Kinderbecken voll auf ihre Kosten – Wasserspritze und zwei Rutschen begeistern die kleinen Wasserratten. Im Restaurant können Sie sich vom kleinen Snack bis zum Mittagessen holen, worauf Sie gerade Lust haben.

Indoor-Spielplatz:
Ein Wunderland für Kinder von 2 bis 12 Jahren ist auf jeden Fall das Allgäulino direkt in Wertach – ein über 3.000 m² großer Indoor-Spielplatz zum

Spielen, Klettern und Hüpfen. In der Mitte wartet ein riesiger Kletterturm mit Rutschen und Tunneln auf Ihre Kinder. Im hinteren Bereich bieten eingezäunte Ballspielplätze ungestörten Spielspaß und die Go-Kart-Bahn lockt mit Elektroautos zum Rennen-Fahren. Im Kleinkindbereich können auch Krabbelkinder etwas abseits des großen Getümmels in Ruhe den gepolsterten Spielturm erkunden. Im großzügigen Sitzbereich können Sie mitgebrachte Speisen und Getränke verzehren oder sich am Kiosk Kaffee, Getränke und beliebte Kinderklassiker, wie Pommes, holen.

HIGHLIGHTS

Schießbachtobel:
Zwischen Wertach und Vorderschneid liegt der Einstieg zum Schießbachtobel. Eine Schatten spendende Wanderung, gemächlich bergauf, endet oben am großen Wasserfall. Sehr zu empfehlen für Kinder, da es hier viele kleine Brücken zu überqueren gibt, was den ganzen Ausflug superspannend macht. Gutes Schuhwerk ist hier wichtig, da es über Wurzeln und Steine geht. Nach Regentagen ist der Weg zwar meist noch begehbar,

jedoch schlammig und rutschig. Bitte lassen Sie den Kinderwagen im Auto bzw. in Ihrer Unterkunft. Besser geeignet für solche Wege, wenn Ihr Kind noch nicht allein läuft, sind Tragen oder spezielle Kinder-Kraxen, welche Sie auch in vielen Sportgeschäften oder Touristinformationen ausleihen können. Im Sommer eignet sich der Schießbachtobel sehr, da er fast nur im schattigen Wald direkt am Wasser verläuft. So sind seine Besucher gut vor zu starker Hitze und Sonne geschützt. Wieder zurück am Parkplatz kann die Grillstation gern genutzt werden.

Beim Brunnenmacher:

Ihre Freunde, Familie oder Arbeitskollegen erhoffen sich von Ihrem Urlaub ein kleines Mitbringsel? Diese finden Sie am Ortsausgang von Wertach in Richtung Rettenberg/Kranzegg beim Brunnenmacher. Der Familienbetrieb fertigt liebevoll und in Handarbeit alles Schöne aus Holz. Daher ist jedes Stück ein Unikat. Holzbrunnen, Gartenmöbel und auch Spielwaren und Dekoartikel gehören zum Sortiment. Im Laden können Sie sich gern inspirieren und zum Beispiel Brotzeitbretter in sämtlichen Größen individuell beschriften lassen.

Kempten

DIE STADT

Wissen Sie, welche Stadt in Deutschland die älteste, schriftlich erwähnte Stadt ist? Es ist die Universitätsstadt Kempten im Allgäu. Erstmals wurde sie im Jahr 18 n. Chr. als römische Stadt schriftlich erwähnt. Seitdem wurde aus der ursprünglichen antiken Stadt eine beachtliche Hochschulstadt mit bedeutenden Bauwerken aus ihrer Entstehungszeit und modernen Highlights. Mittlerweile hat Kempten mehr als 70.000 Einwohner.

Die zentrale Lage von Kempten ermöglicht Ihnen das Anreisen mit dem eigenen Pkw, dem Zug oder per Flugzeug. Kempten liegt an der Autobahn A7, der Bahnhof ist Dreh- und Angelpunkt für Zugverbindungen von und nach Ulm, Augsburg, München und Reutte und der nächstgelegene Flughafen befindet sich in Memmingen. Somit können Sie die Anreise ganz nach Ihren Wünschen und Bedürfnissen gestalten. In Kempten selbst kommen Sie mit den Stadtbussen in jede Ecke, um Kultur-, Kunst- und auch Shoppingerlebnisse zu entdecken.

Auch die Römer wussten damals die ideale, verkehrsgünstige Lage direkt an der Iller zu schätzen. Wenn Sie mehr über das Leben der Römer in der Stadt erfahren möchten, dann lohnt sich ein Besuch des Archäologischen Parks Cambodunum, kurz APC. Er ist der größte Römerpark Deutschlands. Bestaunen Sie dabei die antiken, römischen Bauwerke, welche einen kleinen Einblick in die Zeit von damals geben. Auf dem zugehörigen Freigelände lädt der Römerspielplatz zum Toben ein. Darf es noch mehr Geschichte sein? Sehr gern. Im Kempten-Museum im Zumsteinhaus, direkt gegenüber der Kemptner Residenz, erfahren Sie alles aus 2.000 Jahren Stadtgeschichte auf knapp 600 Quadratmetern Fläche und das auch noch kostenfrei.

SCHLAFEN UND ESSEN

bigBOX ALLGÄU Hotel:

In Kempten haben Sie die Qual der Wahl Ihrer Unterkunft. Sie sind gern mittendrin und wollen daher direkt in der Stadt nächtigen? Dann sind Sie im bigBOX ALLGÄU Hotel genau richtig. Das 4-Sterne-Haus liegt genau neben der Veranstaltungslocation bigBOX ALLGÄU und gegenüber dem großzügigen Einkaufszentrum Forum Allgäu. Die modernen Zimmer sind komfortabel eingerichtet und punkten mit Wohlfühlcharakter. Im hauseigenen Fitnessraum können Sie sich so richtig auspowern, um im Anschluss im Restaurant musics im Erdgeschoss genussvoll zu Speisen.

Aber auch, wenn Sie kein Zimmer im bigBOX ALLGÄU Hotel gebucht haben, können Sie die kulinarischen Spezialitäten genießen. Das Restaurant musics bietet regelmäßig leckere Events, wie zum Beispiel Brunch oder Business-Frühstück. Bitte beachten Sie hier, dass vor dem Genuss ein Ticket für die jeweilige Veranstaltung gebucht werden muss.

Landhotel Hirsch:

Etwas ruhiger gelegen, jedoch nicht weniger reizvoll, liegt das traditionsreiche Landhotel Hirsch. Im Stadtteil Lenzfried gelegen zeigt sich eine gewisse dörfliche Atmosphäre, Sie sind aber auch von hier aus dank der sehr guten Busverbindung in nur wenigen Minuten in der Innenstadt. Auch der Golfpark Lenzfried ist in unmittelbarer Nähe und bietet vom Gelände aus einen wunderbaren Blick auf die Alpen und auf die benachbarten Kuhweiden.

pano Brot & Kaffee:

Wer Brot mag, wird das pano Brot & Kaffee in der Kemptner Innenstadt lieben. Sehr zu empfehlen ist dort das Curry-Hühnchen auf Schwarzbrot. Klingt erst mal einfach und vielleicht sehr rustikal, schmeckt aber ausgezeichnet – vom Duft des frischen Schwarzbrotes, welcher im ganzen Café liegt, ganz zu schweigen. Das Brot kann dort auch als Laib gekauft werden. Selbstverständlich bietet das pano auch Kaffeespezialitäten, Kuchen, superleckeres Eis und Frühstück an. Bei schönem Wetter lohnt es sich, vor dem Kaffee direkt unterhalb der Freitreppe zu sitzen und das geschäftige Treiben der Stadt zu beobachten.

Eiscafé Cordella:
Das perfekte Eis gibt es im Eiscafé Cordella, unweit des APC-Parks in Kempten. Hier stehen regelmäßig die Bewohner der Stadt Schlange, um eine der leckeren Kugeln zu ergattern. Selbst Veganer kommen hier auf ihre Kosten, z. B. mit der neuen Sorbet-Sorte Blutorange.

KULTUR

Das Allgäu wird selbstverständlich gern mit Bergen, Kühen und Lederhosen in Verbindung gebracht. Das ist auch vollkommen richtig, jedoch zeigt Ihnen Kempten, dass die Stadt auch kulturell einiges zu bieten hat. Angefangen von Kemptner Jazzfrühling über wechselnde Kunstausstellungen und Stadtführungen bis hin zur beliebten Allgäuer Festwoche und zum Weihnachtsmarkt: In Kempten ist das ganze Jahr über etwas geboten. Ganz zu schweigen von den vielen Top-Acts, welche in der bigBOX ALLGÄU ihre Konzerte und Shows zum Besten geben.

Allgäuer Festwoche:
Bei Menschen aus nah und fern ist das absolute Highlight im August die Allgäuer Festwoche. Seit dem Jahr 1949 lockt die Wirtschaftsmesse Interessierte in die Allgäu-Metropole. Die Festwoche bietet für die Besucher ein Volksfest, Ausstellungszelte, Bier- und Weinzelt. Zusätzlich bietet sie verschiedene Sonderschauen und lockt vor allem am Abend die feierlustigen Besucher an, welche bei dieser Gelegenheit ihre wunderschönen Dirndl und Lederhosen ausführen.

Kemptner Weihnachtsmarkt:
In der Altstadt von Kempten lockt ab Ende November der Weihnachtsmarkt zahlreiche Besucher in die Stadt. Am Rathausplatz genießen Sie Glühwein, gebrannte Mandeln und abwechslungsreiche, leckere Spezialitäten. Kleine Kunsthandwerker aus der Umgebung bieten hier ihre Waren zum Kauf an. Hier finden Sie allerlei Souvenirs und liebevolle Weihnachtsgeschenke. Der

ganze Platz sowie die Innenstadt sind weihnacht-
lich-festlich geschmückt, am Abend erleuchten die
zahlreichen Lichterketten den Markt.

KunstNacht Kempten:
Für alle, die Kunst in ihrer ganzen Vielfalt erleben
möchten, ist die KunstNacht Kempten genau das
Richtige. Museen, Hinterhöfe, Garagen und öf-
fentliche Plätze – an all diesen Orten und noch
vielen weiteren, zeigt sich die ganze Bandbreite an
Kunst: Malerei, Fotos und Tanz. In der ganzen
Stadt können Sie die Kunst und ihre Erschaffer bewundern und bestaunen.

SHOPPING

Einkaufszentrum Forum Allgäu:
Das bekannteste und größte Shopping-Erlebnis
haben Sie in jedem Fall im Forum Allgäu, gleich
gegenüber dem bigBOX ALLGÄU Hotel. Mit ca. 90
Fachgeschäften, einer Fläche von 23.000 Quadratmetern und 3 Etagen bleiben keine Wünsche offen. Modern gestaltet und lichtdurchflutet lädt das
Forum zum Stöbern und Verweilen ein. In den 18
Food-Stationen können Sie einen kleinen Snack,

das süße Stückchen oder ein reichhaltiges Mittagessen schlemmen, worauf Sie gerade Appetit haben. Namhafte Marken reihen sich neben Reisebüro und Drogerie aneinander. Großzügige Aufzüge machen es auch mit Kinderwagen und Rollstuhl einfach, von einer in die andere Etage zu wechseln. Aufgrund der zentralen Lage gelangen Sie vom Forum direkt weiter in die Innenstadt. Parkplätze bietet entweder das angrenzende Parkhaus oder die Tiefgarage, aber auch mit dem Bus gelangen Sie bequem zum Forum.

Bergsport Maxi:

Sie brauchen eine neue Outdoorhose oder einen Rucksack für Ihre nächste Wanderung? Dann sind Sie im Bergsport Maxi in der Innenstadt, gegenüber vom Café pano, genau richtig. Ein kleiner, gemütlicher Laden, der genau das hat, was Sie benötigen. Absolut kompetente Beratung durch freundliches, kundenorientiertes Fachpersonal zeichnet diesen Shop aus. Angeboten wird alles an Outdoor- und Kletterbekleidung über Schuhe bis zu verschiedenen Ausrüstungsgegenständen und Schlaf- und Rucksäcken. Außerdem finden Sie an der Eingangstüre immer aktuelle Infos zu Veranstaltungen, Vorträgen und geführten Touren.

Reischmann:

Sie lieben Mode und sind trendbewusst? Dann auf zu Mode Reischmann. Exklusive, internationale Designer, aktuelle Marken und der großzügige Service machen das Einkaufen zum Erlebnis. Zudem erwarten Sie eine Getränkebar und ein Loungebereich. Im Trend Reischmann finden Sie alle aktuellen und modernen Mode-Must-haves für die ganze Familie. Sie werden hier bestimmt das eine oder andere schöne Outfit mit nach Hause nehmen können oder Ihre neu erworbene Badekleidung gleich an einem der Badeseen testen.

Wochenmarkt:

Zweimal pro Woche können Sie regionale Spezialitäten, Obst und Gemüse, Backwaren, Fleisch und Molkereiprodukte auf dem Kemptner Wochenmarkt einkaufen. Auf dem Hildegardplatz, vor der beeindruckenden Basilika St. Lorenz, können Sie aber nicht nur gut einkaufen, sondern vor allem auch gut Schlemmen. Kässpatzen, heiße Würstle und Müsli sind die beliebtesten Leckereien. Umliegende Büroangestellte und Arbeiter halten regelmäßig ihre Mittagspause auf dem Wochenmarkt ab. Warum auch nicht? Leckeres Essen, tolle Location und ein wunderbares, geschäftiges Treiben auf dem ganzen Platz haben ihren ganz besonderen Reiz. Wenn dann an einem solchen Tag noch die Sonne scheint, sind alle Sinne mit einem Erlebnis angesprochen.

Praktisches und Wissenswertes

ALLGEMEINE INFOS VORWEG:

Im Allgäu gibt es kein „Sie", außerhalb der Stadt wird grundsätzlich jeder geduzt. Das Abendessen besteht im geschäftigen Alltag meist aus der Brotzeit mit Käse, Radieschen und gutem Brot. Am Sonntag gibt es Hefezopf zum Frühstück. Der Bua ist der Junge, das Fehl ist das Mädchen. Auch in den Städten fahren Traktoren.

A N R E I S E

Mit dem Auto:

Alle Wege führen ins Allgäu und wenn Sie mit dem eigenen Auto anreisen, dann werden Sie höchstwahrscheinlich die A96 in Richtung Lindau oder die A7 in Richtung Füssen nutzen. Nach dem Rasthof Allgäuer Tor kann man schon die ersten Berggipfel erspähen und spätestens hier macht sich auch Urlaubsstimmung breit. Der Ackerbau wird immer mehr von den typischen Weiden abgelöst, Kühe prägen dann schon hier und da das Landschaftsbild.

Um ganz an den südlichsten Punkt, nach Oberstdorf, zu gelangen, fahren Sie auf der B19. Ab Sonthofen wird die Straße jedoch einspurig und in den beliebten Ferienzeiten und an sonnenreichen Winterwochenenden kann es daher auf dieser Strecke schon mal eng werden. Planen Sie auf dieser Route unbedingt etwas mehr Zeit ein, eine Umfahrung gibt es hier nicht.

Mit der Bahn:

Die Anreise mit der Bahn ist aufgrund der guten Verbindung unter den einzelnen Städtchen und

Orten auch sehr reizvoll. In Kempten, Oberstdorf, Memmingen und Lindau finden Sie große Bahnhöfe, von dort gelangen Sie entweder per Zug oder per Bus weiter zu Ihrem Urlaubsort. Die Reise mit der Bahn entschleunigt bereits bei der Anreise. Mit jedem zurückgelegten Kilometer kommen Sie Ihrem Erlebnis ein Stück näher. Sie sehen, wie sich die Landschaft und die Häuser verändern und nach und nach bergiger, grüner und traditioneller werden. Da jedoch in viele Weiler und Außenorte kein Bus oder nur selten verkehrt, ist es ratsam, vielleicht seine Fahrräder mitzunehmen, um auch in seinem Urlaub mobil zu sein. Falls Ihnen das zu sperrig ist, können Sie an vielen Touristen-Infos oder Fahrradläden alle Arten von Rädern ausleihen. Einige Stellen verleihen auch Kinder-Fahrradsitze und Anhänger.

Mit dem Flieger:
Vielleicht ist die Anreise mit dem Flugzeug für Sie geeignet? Dann landen Sie am gut vernetzten Flughafen in Memmingen. Ab hier geht es dann entweder mit der Bahn weiter an Ihr Urlaubsziel oder mit dem Mietwagen.

Aber egal, wie Sie anreisen – wahrscheinlich sind Sie dann in Ihrem Urlaub meist sowieso zu Fuß unterwegs und erkunden auf diese Weise die tollen, abwechslungsreichen Wanderwege mit ihren fantastischen Ausblicken, der wertvollen Fauna und Flora und die imposanten Bergketten.

BELIEBTE TOUREN UND AUS-FLUGSZIELE ALLGÄU

Auf den Grünten:

Eine der schönsten und aussichtsreichen Wanderungen führt auf den Wächter des Allgäus, auf den Grünten mit seinen 1.738 m Höhe. Sie starten entweder vom Parkplatz der Alpe Kammeregg oder aber direkt am Skilift in Kranzegg. Auf dieser Tour finden Sie einige Hütten, um sich dort für den weiteren Weg zu stärken. Aber Vorsicht: Der letzte Abschnitt zum Gipfel ist nur für geübte und trittsichere Wanderer geeignet. Hier geht es ziemlich steil auf Geröll nach oben zum Aussichtspunkt Jägerdenkmal. Gute Wanderschuhe sind hier Pflicht.

Und wenn Sie denken, hoch kommen sie alle – Sie müssen auch wieder absteigen und erst dabei zeigt sich meist die Schwierigkeit mit rutschigem Geröll. Sind Sie dann aber oben, haben Sie einen eindrucksvollen Rundumblick und sehen in Richtung Norden das Alpenvorland und in Richtung Süden zeigen sich die Allgäuer Hochalpen. Bei sehr gutem Wetter können Sie sogar Deutschlands höchsten Berg, die Zugspitze, sehen. Die Tour ist mit 2,5 Stunden Aufstieg angesetzt, hier müssen aber Pausenzeiten und die Dauer des Abstiegs noch dazu addiert werden. Daher ist es wichtig, dass Sie bei solchen Touren eine Jacke, gute Schuhe und vor allem genügend zu trinken dabei haben, auch wenn Sie auf den Hütten Rast machen möchten. Eine weitere Route auf den Grünten startet in der Nachbargemeinde Burgberg und führt Sie durch viel Wald.

Iller-Radweg:
Auf insgesamt 146 Kilometern können Sie zwischen Ulm und Oberstdorf direkt an der Iller entspannt und gemütlich entlangradeln. Sie passieren regelmäßig kleinere und größere Orte, wovon jeder seinen besonderen Reiz hat. Auf der Strecke finden Sie viele, speziell auf Radler ausgelegte

Unterkünfte. Am Fluss finden sich immer wieder kleine Stellen zum Pausieren und Picknicken. Aber auch in den vielen Orten und Dörfern gibt es genügend tolle Einkehrmöglichkeiten, sei es für ein genussvolles Mittagessen, einen kleinen Snack oder Eis und Kuchen. Sie müssen den Iller-Radweg aber nicht komplett befahren. Es lohnt sich bereits eine Tagestour.

Ein sehr schöner Abschnitt befindet sich zwischen Sonthofen und Oberstdorf, sozusagen die Schlussetappe. Sie parken ganz bequem am Parkplatz beim Erlebnis-Schwimmbad Wonnemar in Sonthofen. Nach dem Kletterzentrum kommen Sie auf den Iller-Radweg und können ab sofort die Landschaft, die Ruhe und den Blick in Richtung Berge genießen. Immer wieder laden Bänke zum Rasten ein. Der Weg ist sehr gut ausgeschildert und bietet immer wieder auch kleine Umwege in die umliegenden Orte. Sind Sie in Oberstdorf angekommen, lohnt in jedem Fall ein Spaziergang durch das kleine Städtchen. Kleine Lädchen, Cafés und Bistros wollen entdeckt werden. Vielleicht ist auch noch Zeit für eine Besichtigung der Skisprungschanze? Und wenn Sie zeitlich nicht mehr zurückradeln wollen, dann geht es bequem mit der Bahn zurück zum Ausgangspunkt in Sonthofen.

Allgäuer Bergbauernmuseum Diepolz:
Das bäuerliche Leben wird nirgends sonst so anschaulich, verständlich und interessant dargestellt wie im Bergbauernmuseum Diepolz. Dieses 1.000 m² große Freilichtgelände erzählt lebhaft, wie das Leben und Arbeiten auf dem Hof damals war. Viele Stationen laden Sie ein, aktiv dabei zu sein. Sei es die Entdeckungsreise mit kleinen Rätseln, die gelöst werden müssen, oder der Kuhmagen, der genau aufzeigt, wie aus dem Gras die Milch wird. Hier lernen Sie mit allen Sinnen und auch Ihre Kinder haben ihren Spaß. Es gibt Heu-Hüpfen und Kinder-Kino und selbstverständlich zwei Spielplätze und einen Traktor-Parcours. In letzterem können sich Kinder zwischen drei und sieben Jahren auf den Trettraktoren wie waschechte Bauern fühlen. Wer viel spielt und lernt, der braucht auch etwas Gutes zu Essen.

Auf dem Museumsgelände befindet sich die historische Höfle-Alpe. Dort werden leckere und deftige Brotzeiten serviert, bei deren Genuss Sie das weitläufige Bergpanorama genießen können. Zum Abschluss können Sie im Museumsladen noch nach einem oder mehreren Souvenirs stöbern, entweder für die Zuhausegebliebenen oder für Sie selbst. Kostenlose Parkplätze stehen etwas unterhalb zur Verfügung. Von Immenstadt aus ist eine direkte Busverbindung gegeben. Hunde sind auf dem Gelände erlaubt, selbstverständlich sind diese an der Leine zu führen. In die historischen Gebäude dürfen Ihre Vierbeiner nicht mit hinein.

Sonnenköpfe:
Eine kleine Bergkette bei Sonthofen Altstädten gibt Ihnen die Möglichkeit, gleich drei Gipfel zu erklimmen. Am besten starten Sie die Tour am Gasthof Sonnenklause. Hier können Sie an der Straße parken. Die Wanderung ist etwa mittelschwer, dauert im Aufstieg ca. 2,5 Stunden und im Abstieg ca. eine Stunde und 45 Minuten. Grashänge und Waldstücke wechseln sich beim Aufstieg ab. Als ersten Gipfel erreichen Sie den Sonnenkopf mit 1.712 Metern Höhe. Von hier oben haben Sie einen unbezahlbaren Ausblick auf die gesamte Umgebung und können sogar bis zum

Hohen Ifen und das Gottesackerplateau mit seinen schroffen Felsen sehen. Ab dem ersten Ziel geht es immer am Bergkamm entlang zu den nächsten beiden Gipfeln, dem Heidelbeerkopf mit 1.767 Metern Höhe und dem Schnippenkopf, welcher mit 1.833 Metern der höchste Gipfel des Ausflugs ist.

Es geht zwischen den Gipfeln sehr steil auf und ab, daher ist eine gute Trittsicherheit ein absolutes Muss für eine Tour dieser Art. Bei Nässe unbedingt beachten, dass viele Passagen schlammig und absolut rutschig sind. Dann vielleicht die Begehung verschieben. Auf der Tour gibt es keine Einkehrmöglichkeit, lediglich der Gasthof Sonnenklause bietet dies an. Daher unbedingt genügend Proviant und vor allem Getränke mitnehmen. Auch ist es sinnvoll, immer eine leichte Mütze oder zumindest ein Stirnband dabei zu haben, denn oben auf dem Kamm ist es zum einen Tick kälter und zum anderen viel windiger als in den geschützten Waldstücken.

WINTERSPORT

Oberjoch:

Mit über 30 Pistenkilometern ist dieses Skigebiet eines der größten im Allgäu. Die sehr gut präparierten, größtenteils rot markierten Pisten bieten Ihnen Skivergnügen pur. Mehrere Lifte bringen Sie nach oben, Parkplätze finden Sie an der kompletten Straße entlang. In der Hochsaison verkehren kostenlose Shuttlebusse von den Parkplätzen zu den verschiedenen Liftstationen. Im Schneekinderland lernen schon die Kleinen das Skifahren, aber auch Anfänger sind im Übungspark willkommen. Mehrere Hütten runden das Angebot ab. Und für alle Nicht-Skifahrer gibt es Schlittenberg und Spazierwege, aber auch Langläufer sind gern Gast in Oberjoch, startet doch eine gut markierte, einfache Route an der Moorhütte. Es gibt auch Kurse für Einsteiger und auch fortgeschrittene Läufer und Skater.

Fellhorn – Kanzelwand:

Das moderne 2-Länder-Skigebiet bietet einen komfortablen Sechser-Sessellift, insgesamt bietet das Fellhorn 6 Sessel-, 3 Schlepplifte und 6

Gondeln. Auch hier finden Sie uneingeschränkten Pistenspaß für die ganze Familie und selbstverständlich auch urige Hütten, um sich bei einer ausgedienten Mittagspause zu stärken. Von Oberstdorf aus ist das Fellhorn sehr gut mit dem öffentlichen Nahverkehr zu erreichen. Extrashuttlebusse verkehren zwischen Fellhorn und Nebelhorn.

UNBEDINGT ERLEBEN

Viehtreiben:
In den Sommermonaten kann es schon mal vorkommen, dass Sie auf einer kleinen Straße unterwegs sind und dann plötzlich im Stau stehen. Dies passiert meist in der Zeit zwischen acht und neun Uhr morgens und am Nachmittag, in der Regel um ca. halb fünf Uhr. Dies liegt aber nicht am hohen Verkehrsaufkommen von motorgetriebenen Fahrzeugen, sondern liegt einzig und allein an den Kühen und Schumpen, die auf dem Weg vom Stall zu ihren Wiesen bzw. wieder zurück nach Hause sind. Um diese Uhrzeiten ist es ratsam, etwas Zeit zum Stehen bleiben einzuplanen. Sie können entspannt dem Vieh beim Laufen zuschauen, wenn es

gemächlich und ohne Hektik und Eile seinen Weg, in diesem Fall die Straße, entlang spaziert. Auch wenn die Tiere verdächtig nahe an den Autos vorbei schlendern, die Autospiegel bleiben meist heil. Zum Schluss kommt dann noch der Bauer entweder zu Fuß oder auf dem Traktor hinterher. Bitte versuchen Sie nicht, an den laufenden Tieren überschnell vorbeizufahren. Dies macht sie nervös und die Tiere laufen häufig zickzack. Nutzen Sie lieber die paar Minuten und lassen Sie sich von der Ruhe der vorbeilaufenden Kühe inspirieren.

Kletterwald Grüntensee:
Wunderschön im Wald und direkt am Grüntensee gelegen, die Einfahrt etwas versteckt, erstreckt sich der Klettergarten. Ohne jegliche Vorkenntnisse können Sie hier hoch hinaus und von den Baumwipfeln tolle Ausblicke ergattern und sich immer wieder selbst überwinden. Ein lustiges Abenteuer für schwindelfreie Besucher. Zudem bietet der Kletterwald auch einen Kleinkind-Bereich, in dem Kinder zwischen drei und sechs Jahren bereits allein klettern können. Ein Erwachsener muss allerdings vom Boden aus begleiten.

Kinder ab sechs Jahren und einer Körpergröße von mindestens 120 cm dürfen bereits mit einem Erwachsenen im großen Kletterwald aktiv werden. Im angrenzenden Garten gibt es einen großen Spielplatz und schattige Picknickplätze. Hier können Sie Ihren mitgebrachten Proviant ungestört genießen. Natürlich gibt es auch ein Kiosk, in dem Sie sich Kleinigkeiten zu essen, Getränke, Kaffee und Kuchen gönnen können. Und wenn Sie Ihre Badesachen gleich dabei haben, nutzen Sie etwas unterhalb den Badeplatz zum Abkühlen im Grüntensee. Ihre Muskeln werden es Ihnen danken. An der Anlage direkt gibt es Parkmöglichkeiten, Sie gelangen aber auch leicht über Wertach aus mit dem Fahrrad zum Kletterwald.

Wasserski und Wakeboarden:
Am Inselsee Allgäu bietet die Wassersport-Anlage Spaß und Action für die ganze Familie. Zwischen Immenstadt und Blaichach gibt es zwei Wasserskilifte, einen Badebereich mit Liegewiese, einen Spielplatz, ein Café und eine Bar. Die Anlage ist auch gut mit dem Fahrrad zu erreichen. Beobachten Sie von der Terrasse mit sehr schönen

Schattenplätzen die Wakeboarder in Aktion oder probieren Sie es doch selbst einfach mal aus. Parkplätze gibt es direkt an der Anlage.

Burgberger Tierparadies:
Etwas außerhalb von Burgberg finden Sie das idyllische Tierparadies. Natürlich ist der kleine, süße Park nicht mit einem der großen Zoos zu vergleichen, das ist auch gar nicht gewollt. Hier soll man in ruhiger und gemütlicher, ungezwungener Atmosphäre die kleinen und großen Bewohner des Tierparadieses hautnah kennenlernen, beobachten und vor allem auch streicheln dürfen. Das absolute Highlight befindet sich gleich nach dem Eintreten im großen Hasen-Gehege. Hier dürfen Hasen zusammen mit den Hühnern und Ziegen herumtollen, hüpfen, gackern und sich sonnen. Alle Tiere haben ihre ungestörten Rückzugsmöglichkeiten, wenn ihnen der Trubel um sie herum etwas zu viel wird. An jedem Gehege steht unmissverständlich, ob man eintreten darf oder ob die Tiere gerade etwas Ruhe brauchen.

Neben Eseln, Alpakas und Schweinen gibt es noch Enten, Schafe und Ponys. Einige Tiere dürfen sogar gestriegelt werden, hier hängen am Eingang des jeweiligen Geheges extra Bürsten aus. Kinder und Erwachsende tun dies sehr gern und den Ziegen und Schweinen gefällt es auch. Nach Verlassen des Streichelzoos dürfen die Kinder den kleinen Spielplatz erkunden, während sich die Eltern und alle, die nicht gerade am Schaukeln sind, im kleinen Café mit Terrasse eine Tasse Kaffee gönnen oder einen kleinen Snack genießen. Die Speisekarte bietet leckere Ofenbrote, Hot Dogs, Pizza, Salate und natürlich auch hausgemachte Kuchen. Parkplätze gibt es auch hier direkt vor dem Hof. Das Tolle ist, dass das Tierparadies auch im Winter geöffnet hat.

Werdensteiner Moos in Eckarts bei Immenstadt:

Nördlich von Immenstadt befindet sich das renaturierte Moorgebiet mit wunderschönem, kinderfreundlichem Rundweg. Einen gut von der B19 erreichbaren Parkplatz finden Sie beim Gasthof Haxenwirt. Von hier aus beginnt die erlebnisreiche und durch viele Infotafeln lehrreiche Wanderung durch das Moorgebiet. Der Weg ist mit Hackschnitzeln ausgelegt, somit eignet sich die Tour wunderbar zum Barfußgehen. Von zwei Aussichtsplattformen haben Sie einen tollen Blick von oben auf diesen außergewöhnlichen und spannenden Lebensraum. Die Umrundung ist mit rund einer Stunde Gehzeit ausgeschrieben. Nach der Tour lohnt sich eine Einkehr im Gasthaus Haxenwirt. Deftige Haxen oder sättigendes Gröstel – hier werden Sie in jedem Falle satt.

Lindau:

Das atemberaubende Alpenpanorama und den Bodensee im Hintergrund, so präsentieren sich der Bayerische Löwe und der Neue Leuchtturm als weit bekannte Markenzeichen von Lindau. Kein Reiseführer und keine Postkarte sind ohne dieses malerische Bild erhältlich. Der Löwe misst sechs Meter Höhe und bewacht die Hafeneinfahrt mit wachem Auge. 139 Stufen müssen Sie erklimmen, um auf dem Leuchtturm ganz nach oben kommen zu können. Ein wunderschöner Rundumblick bietet Ihnen die Aussichtsplattform des 36 Meter hohen Bauwerks – Wasser, Berge und eine beliebte Stadt, was will man mehr? Der Bodensee ist flächenmäßig der größte See Deutschlands.

Außerdem ist er der tiefste See in der Bundesrepublik. Genießen Sie das einmalige Flair mit einer kleinen Note Toskana, wenn Sie an der Promenade von Lindau spazieren. Durch die vielen Palmen und hübsch bepflanzten Anlagen und Gärten umgibt eine mediterrane Leichtigkeit das ganze Treiben auf der Insel.

Der glitzernde See, der im Vordergrund steht, und die dahinter schimmernden Bergketten der Nachbarländer geben ein so liebliches Bild ab, welches man sich unbedingt in seinem inneren Auge abspeichern muss. Natürlich muss man in Lindau mindestens einmal mit dem Schiff auf dem Bodensee gewesen sein. Die Bodensee-Schifffahrt bietet zahlreiche Rundfahrten an und verkehrt regelmäßig auch nach Rorschach. Zudem erlauben Ihnen die Autofähren die Überquerung des Sees in die Schweiz. Das Klima am gesamten Bodensee erlaubt einen wunderbaren Obst- und Gemüseanbau. Besonders häufig gibt es hier Äpfel und Wein.

Immer wieder finden sich an den Straßen um den See und in den vielen kleinen Orten, auch etwas abseits des großen See-Getümmels, viele Verkaufsstände und Hofläden, die ihre eigens angebauten Birnen, Äpfel und Aprikosen anbieten.

Nicht zu verachten ist außerdem der Weihnachtsmarkt in Lindau. Die Lindauer Hafenweihnacht
lockt jährlich unzählige Besucher – kein Wunder,
denn direkt am Wasser und mit Blick auf die Berge
sind die Lage und der Charme einfach einmalig.
Nicht umsonst zählt die Lindauer Hafenweihnacht
zu einem der schönsten Weihnachtsmärkte im
Land. Wenn es dann dunkel wird, funkeln und
leuchten die tausend Lichter in der ganzen Stadt
und natürlich besonders auf dem Markt um die
Wette. Regionale und fair gehandelte Lieblichkei-
ten werden auf dem Markt verkauft und dienen
sehr gern als Geschenke für die ganze Familie. Das
Schlemmen kommt natürlich auch nicht zu kurz:
gebrannte Mandeln, Apfelküchle, Hotdogs, natürlich Kässpatzen und allerlei an Kuchen und Brat-
würste – hier bleiben keine Wünsche offen.

Abschluss

Nun haben Sie einen kleinen Einblick in das traumhaft schöne und vielseitige Allgäu bekommen. Vielleicht sind Sie nun für Ihren nächsten Urlaub inspiriert und wollen die eine oder andere Idee umsetzen. Selbstverständlich gibt es noch tausend Dinge, die es wert sind, hier erwähnt zu werden. Aber aufgrund der Größe des Allgäus und der unterschiedlichen Interessen jedes Einzelnen ist es unmöglich, alle schönen Orte und Dinge hier im Detail aufzuzählen.

Daher zum Schluss nur noch einen einzigen, guten Tipp: Kommen Sie selbst vorbei und machen Sie sich Ihr eigenes, persönliches Bild vom Allgäu. Nutzen Sie die vorherigen Seiten zur Inspiration und als kleinen Einblick in diese einzigartige Kulturlandschaft mit den tausend lieblichen, traditionellen und modernen Komponenten. Egal, ob Sie allein, mit Ihrer Familie oder vielleicht nur auf Geschäftsreise hier sind, nutzen Sie jede Gelegenheit, um sich den Duft und die Aussicht gut einzuprägen. Und da es nicht „die beste" Reisezeit gibt, um im Süden Deutschlands zu verweilen, können Sie diese Idylle genießen, wann immer Sie wollen. Jede Jahreszeit hat ihren eigenen, unverwechselbaren und einzigartigen Reiz, der entdeckt und genossen werden will.

Also dann, Pfiat Di.

Herstellung und Verlag:
BoD – Books on Demand, Norderstedt
ISBN: 9783756227839

1. Auflage
Kontakt: Psiana eCom UG/ Berumer Str. 44/ 26844 Jemgum
Covergestaltung: Fenna Larsson
Coverfoto: depositphotos.com